C'EST LE BUT!

L'histoire du hockey

Texte de **Jaime Winters**

Traduction de **Luc Baranger**

Dépôt légal - Bibliothèque et Archives nationales du Québec, 2015
Bibliothèque et Archives Canada, 2015

C'est le but! L'histoire du hockey
ISBN 978-2-89579-717-3

Titre original: *Breakaway!: The History of Hockey*
de Jaime Winters (ISBN 978-0-7787-0780-6) © 2015
Crabtree Publishing Company, 616 Welland Ave,
Ste. Catharines, Ontario L2M 5V6, crabtreebooks.com.

À la réalisation chez Crabtree Publishing Company
Recherche et développement: Reagan Miller,
Crabtree Publishing Company
Recherche photographique: Melissa McClellan
Maquette de couverture: Samara Parent
Conception graphique: T.J. Choleva
Consultant: Ross Firmin, conseiller au hockey
mineur d'Hamilton

Développé et produit pour Crabtree Publishing
par BlueAppleWorks Inc.

À la réalisation chez Bayard Canada
Direction éditoriale: Maxime P. Bélanger, Gilda Routy
Traduction: Luc Baranger
Révision: Carole Lefebvre
Mise en pages: Danielle Dugal

Un grand merci à Marie-Pascale Danis pour son aide précieuse.

© Bayard Canada Livres inc. 2015

Illustrations
© Carlyn Iverson (p. 18, en bas)

Photographies
(h = en haut, b = en bas, d = à droite, g = à gauche, c = au centre)
© **Wikimedia Commons**: couverture; © **Thinkstock**:
couverture (bd); **Shutterstock.com**: © B Calkins (hauts
de pages); © Shooter Bob Square Lenses (main et rondelle,
«À savoir!»); © Iurii Osadchi p. 4, p. 5 (h), p. 5 (b), p. 25,
p. 26-27 (b); © photosthatrock p. 15, p. 17; © lsantilli p. 19;
© Sven Hoppe p. 26-27 (h); © lev radin p. 28; © Corepics VOF
p. 29; © Pavel L Photo and Video p. 30; **Dreamstine.com**:
© Ron Chapple p. 7 (b); **Domaine public**: Conn Smythe Fonds
sommaire p. 12-13 (h); p. 6-7 (h); George Catlin p. 6-7 (b); Seth
Eastman p. 7 (hd); Arthur Farrell p. 8; Musée McCord p. 9 (h);
William Notman & Son p. 9 (b), p. 12-13 (b), p. 16; Alexander
Henderson p. 10; p. 11 (h); Topley Studio Fonds p. 11 (b);
Edward F Dolan p. 12 (g), p. 18; p. 13 (d), p. 14, p. 19 (h); Royal
Collection p. 20 (g); p. 21 (c, b, d), p. 22; Byron Harmon p. 23
(h); Preston Rivulettes p. 23; p. 24; **Keystone Press**: © Al
Charest p. 27 (g); © Aftonbladet/Ibl Bildbyr p. 27 (d); **Creative
Commons**: Sologoal p. 7 (bd); Fanthomas p. 20-21 (h);
Bundesarchiv, Bild/102-05472 p. 26 (b)

Financé par le gouvernement du Canada
Funded by the Government of Canada | Canadä

Nous reconnaissons l'aide financière du gouvernement du
Canada par l'entremise du Fonds du livre du Canada (FLC)
pour des activités de développement de notre entreprise.

Conseil des arts   Canada Council
du Canada   for the Arts

Nous remercions le Conseil des arts du Canada de l'aide
accordée à notre programme de publication.

Cet ouvrage a été publié avec le soutien de la SODEC.
Gouvernement du Québec - Programme de crédit d'impôt
pour l'édition de livres - Gestion SODEC.

Bayard Canada Livres
4475, rue Frontenac
Montréal (Québec) Canada H2H 2S2
Téléphone: 514 844-2111 ou 1 866 844-2111
edition@bayardcanada.com - bayardlivres.ca

Imprimé au Canada

SOMMAIRE

JOUONS AU HOCKEY!

LE SPORT LE PLUS RAPIDE DU MONDE

La vivacité, l'adresse et le jeu en continu font du hockey non seulement l'un des sports les plus populaires, mais surtout l'un des plus rapides ! Quand on sait que la rondelle peut atteindre la vitesse de 160 km/h et que certains joueurs filent sur la glace à plus de 43 km/h, on comprend facilement pourquoi le hockey passe pour le sport le plus rapide du monde.

Un sport de rivaux

Tout particulièrement en Amérique du Nord, de folles **rivalités** font de ce sport l'un des plus spectaculaires. Il n'y a pas que les joueurs de hockey canadiens et américains qui s'opposent depuis toujours, les joueuses aussi ! Aux Jeux olympiques de Sotchi, en 2014, la finale pour la médaille d'or entre les Canadiennes et les Américaines a déchaîné les passions de tous leurs partisans.

Au hockey, les équipes féminines canadienne et américaine sont les meilleures du monde. Leur rencontre aux Jeux olympiques de 2014 a été éblouissante.

Un suspense insoutenable

À Sotchi, le Canada remporte la médaille d'or dans les deux catégories : hommes et femmes. Jusqu'au bout, la finale féminine entretient un suspense insoutenable. À moins de quatre minutes du coup de sifflet final, les Américaines mènent 2 à 0. Les Canadiennes n'ont encore rien marqué quand, dans les dernières minutes, elles font basculer le match en mettant la rondelle à deux reprises dans le fond du filet… avant de remporter la médaille d'or à la huitième minute de la **mort subite**.

À savoir !

En 2014, pour la première fois dans l'histoire olympique du hockey, un frère et une sœur, les Américains Phil et Amanda Kessel, ont joué dans les deux équipes nationales de leur pays.

Les joueuses de l'équipe canadienne sont fières de montrer leurs médailles d'or à l'issue de leur match contre les États-Unis aux Jeux olympiques de 2014.

Déçues, elles ne baissent pas les bras

Aux Jeux olympiques de 2014, pensant que la médaille d'or était à leur portée, les joueuses de l'équipe féminine des États-Unis ont donné leur maximum. La défaite leur a brisé le cœur, mais elles n'ont pas perdu leur esprit d'équipe. « On ne peut pas nous juger sur une seule rencontre, a dit Julie Chu à l'issue de la partie. Ce qui nous définit, c'est que nous croyons toutes les unes dans les autres et en notre fierté. »

Émue, Julie Chu reçoit sa médaille d'argent. C'est elle qui a porté le drapeau américain lors de la cérémonie de clôture des Jeux olympiques.

LA NAISSANCE DU HOCKEY

Le hockey ne date pas d'hier. En Irak, on a trouvé des tablettes d'argile vieilles de plus de 5 000 ans. Elles racontent l'histoire de Gilgamesh, un grand roi, très brave, qui jouait à un jeu proche du hockey : le pukku-mikku. On y jouait avec un bâton recourbé, appelé le « mikku », et un anneau de bois creux, le « pukku ».

À la mode égyptienne

Une sculpture grecque datant de 514 avant J.-C. montre des silhouettes équipées de bâtons en train de jouer à un jeu ressemblant au hockey. On y voit même deux adversaires, face à face, se disputant une balle. Cependant, preuve archéologique à l'appui, on sait que le hockey que nous aimons tant pourrait avoir vu le jour en Égypte. Il y a plus de 4 000 ans, on y jouait déjà à un jeu qui lui ressemble.

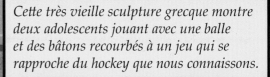

Cette très vieille sculpture grecque montre deux adolescents jouant avec une balle et des bâtons recourbés à un jeu qui se rapproche du hockey que nous connaissons.

Le hurling et le shinty

Au 13e siècle, les Irlandais pratiquaient le hurling à l'aide d'une branche recourbée servant à « porter » une roche (ou une bouse de vache séchée) à travers un pré. Le jeu, encore très populaire en Irlande et dans de nombreux pays, consiste à jeter la roche

L'hiver, en Amérique du Nord, les Premières Nations n'hésitaient pas à jouer sur la glace avec des bâtons et des balles.

de toutes ses forces dans le camp adverse. Les Écossais jouaient à un jeu similaire : le shinty. En Amérique du Nord, les Premières Nations avaient aussi leur propre jeu pratiqué à l'aide de bâtons et d'une balle. Ils y jouaient parfois sur la glace. Aux 17e et 18e siècles, les immigrants irlandais et écossais ont apporté le hurling et le shinty dans leurs bagages. Ils se sont alors mis à les pratiquer sur la glace.

Au milieu du 19e siècle, le peintre George Catlin a vu et représenté (illustration ci-dessus) des rencontres où de 100 à 1 000 hommes, de villages différents, se retrouvaient pour jouer à la balle avec des bâtons.

À savoir !

Le mot hockey pourrait venir soit du français « hoquet », qui désigne la houlette (le bâton recourbé des bergers), soit de l'iroquois « hoghee », qui signifie branche ou la douleur ressentie par celui qui reçoit un coup de bâton.

Le shinty est l'un des ancêtres du hockey sur glace. Aujourd'hui encore, les Canadiens appellent « shinny », le hockey joué à l'occasion pour s'amuser.

LE HOCKEY EN AMÉRIQUE DU NORD

En Amérique du Nord, c'est au 19e siècle que le hockey s'est développé sur des rivières ou des étangs gelés. Cependant, le jeu n'avait pas grand-chose à voir avec celui que l'on connaît aujourd'hui. Les équipes se composaient souvent de 20 à 30 joueurs chacune. Quand un joueur manquait le but, la rondelle, le plus souvent un gros morceau de bois servant à boucher un baril, allait se perdre dans un banc de neige.

Non! Le hockey est originaire de chez moi

Ce n'est pas une, ni deux, mais trois villes qui prétendent être le berceau du hockey moderne. Une légende veut que le hockey que nous connaissons soit apparu vers 1810 sur un étang appelé Long, à Windsor, en Nouvelle-Écosse. Une autre légende dit que c'était à Halifax, en Nouvelle-Écosse, en 1850. Mais une troisième légende prétend que le hockey est né dans le port de Kingston, en Ontario, en 1855.

On trouve ce dessin dans le tout premier livre sur le hockey. Publié en 1899, et écrit par Arthur Farrel, il s'intitulait Jeu d'hiver royal du Canada.

"YE GUDE OLDE DAYS."

De l'étang à la patinoire

Quel que soit l'endroit où le hockey a vu le jour, ce dont on est certains, c'est que la première rencontre en salle s'est déroulée à la patinoire Victoria de Montréal, au Québec, en 1875. Les équipes étaient composées de neuf joueurs chacune. En guise de balle, on a utilisé une rondelle de bois, qui offrait moins de risques de s'envoler dans la foule. Deux ans plus tard, le *Montreal Gazette* publie les règles du jeu, que toutes les équipes, d'où qu'elles soient, commencent à respecter. Ces règles interdisent les passes vers l'avant, limitent le nombre de joueurs à sept par équipe et obligent le gardien de but à rester tout le temps debout.

À sa construction, la patinoire Victoria était considérée comme « l'une des plus belles patinoires couvertes du monde ».

À la patinoire Victoria de Montréal, au Québec, rien ne séparait la foule de la glace. La patinoire était destinée au patinage, pas à la pratique du hockey.

UN INTÉRÊT GRANDISSANT

Dans les années 1880, on venait de partout au Canada et aux États-Unis pour assister au Carnaval d'hiver de Montréal. Cette fête hivernale proposait des jeux de balle sur glace, des sports d'hiver et même un palais de glace géant fait de 10 000 blocs de glace ! Le hockey a rencontré un accueil fantastique auprès des partisans quand il y a fait son apparition en 1883. On a ensuite assisté à la naissance de ligues de hockey partout en Amérique du Nord.

Une foule de partisans se rassemble pour assister à une partie de hockey pendant le Carnaval d'hiver de Montréal. Vers 1895, Montréal comptait à elle seule plus de 100 équipes de hockey.

Un sport national

En 1885, des ligues de hockey
apparaissent à Kingston, en Ontario,
et à Montréal, au Québec. À cette
époque, aux États-Unis, le **polo** sur glace,
joué avec une balle plutôt qu'avec une
rondelle, est très populaire. Cependant,
en 1893, quand on commence à organiser
des parties de hockey à l'université Yale,
à New Haven, au Connecticut,
et à l'université John Hopkins de
Baltimore, au Maryland, le hockey
devient plus prisé que le polo. En 1896,
le premier championnat voit le jour à
New York. Peu après, c'est dans cette même ville que se tient le premier
championnat amateur réunissant le Canada et les États-Unis.

*Le AAA de Montréal a remporté
la première coupe Stanley au
championnat de 1893.*

Lord Stanley, un fan de hockey

Lord Stanley, alors Gouverneur général du Canada, se prend de passion
pour le hockey dès qu'il assiste à sa toute première partie. C'était en
1889, au Carnaval d'hiver de Montréal. Aussitôt, il fait construire
une patinoire personnelle, chez lui, à Ottawa, et commence à
pratiquer ce sport. Ses fils Arthur et Algernon l'imitent, tout
comme sa fille Isobel. Quatre ans plus tard, le sport est devenu
si populaire que Lord Stanley offre une coupe d'argent en guise
de premier prix à l'équipe qui aura remporté le championnat
canadien. C'est ainsi qu'est née la coupe Stanley.

*Lord Stanley et la toute première coupe Stanley. Pour les hockeyeurs,
la coupe Stanley représente la récompense suprême. Aujourd'hui, les
équipes professionnelles se battent corps et âme pour la remporter.*

LA LNH PREND DE L'IMPORTANCE

Parmi toutes les ligues, certaines ont disparu totalement et quelques-unes se sont divisées. D'autres encore se sont regroupées. Il y en a même qui ont formé de nouvelles ligues malgré les désaccords et les restructurations des propriétaires d'équipes.

À l'Ouest, jeune joueur

L'équipe des Renfrew Millionaires appartenait à l'homme d'affaires Ambrose O'Brien et à son père, M.J. O'Brien. En 1909, l'Association de hockey amateur de l'Est du Canada (AHAEC) refuse l'adhésion de l'équipe d'O'Brien. Mécontent, O'Brien contre-attaque en fondant l'Association nationale de hockey (ANH), marchant ainsi sur les plates-bandes de l'AHAEC. L'ANH modifie les règles afin de rendre ce sport plus excitant. Parmi ces changements, on note la réduction du nombre de joueurs de 7 à 6, ce qui augmente la rapidité du jeu et le rend plus exaltant. Les deux périodes de 30 minutes deviennent trois périodes de 20 minutes chacune, ce qui offre plus de temps aux joueurs pour récupérer et plus de temps aux spectateurs pour acheter des boissons gazeuses, du maïs soufflé et des confiseries. Même avec ces modifications alléchantes, l'Association de hockey de la Côte du Pacifique (AHCP), également fondée en 1909, était encore capable d'attirer des joueurs de talent dans l'Ouest du pays.

*Joe Hall, joueur professionnel de hockey canadien, a remporté la coupe Stanley à deux reprises avec son équipe, les Bulldogs de Québec. Il a été **intronisé** au Temple de la renommée du hockey en 1961.*

Une même ligue pour tout le monde

En 1917, après de nombreuses disputes, les propriétaires d'équipes finissent par dissoudre l'Association nationale de hockey et fondent sur ses ruines la Ligue nationale de hockey (LNH). La nouvelle ligue fait maintenant concurrence à l'Association de hockey de la Côte du Pacifique et, dans les Prairies, à la Ligue de hockey de l'Ouest du Canada pour recruter les joueurs et gagner la coupe Stanley.

En 1924, la LNH s'exporte aux États-Unis avec l'adhésion des Bruins de Boston, ce qui entraînera la disparition de l'AHCP. Malgré la foule présente aux rencontres de l'AHCP, les propriétaires se ruinent en entretenant des arénas que personne ne fréquente le reste du temps. Deux ans plus tard, trois autres équipes américaines rejoignent la LNH, qui devient ainsi la dernière ligue restante. La LHOC a disparu, faute de pouvoir se payer des joueurs de haut niveau. Depuis, seules les équipes de la LNH sont autorisées à participer à la conquête de la coupe Stanley.

À savoir !

En décembre 1917, Dave Ritchie, défenseur des Wanderers de Montréal, marque le tout premier but de la LNH au cours des premières minutes de la première partie de la ligue.

Les Bruins de Boston, première équipe américaine à rejoindre la LNH.

PLACE AUX PROFESSIONNELS

La LNH évolue, tout comme le sport lui-même. On voit les athlètes amateurs devenir professionnels et gagner beaucoup d'argent.

Des joueurs bénévoles

À la différence des athlètes professionnels, les amateurs ne reçoivent pas d'argent. Dans les débuts du hockey, tous les joueurs étaient amateurs. Ils jouaient pour le plaisir et travaillaient tous pour gagner leur vie. C'est le manque d'argent qui a poussé Fred Taylor, l'une des premières grandes vedettes du hockey, alors âgé de 18 ans, à refuser de se joindre aux Marlboroughs de Toronto. En acceptant, Fred aurait eu à quitter Listowel, où il travaillait dans une manufacture de pianos et rapportait un salaire mensuel de 20 dollars à sa famille.

Après avoir refusé l'offre des Marlboroughs de Toronto, Fred « Cyclone » Taylor a vu toutes les équipes de l'Ontario lui fermer leur porte. Un an plus tard, il part jouer au Manitoba et devient une célébrité, marquant de nombreux buts.

À savoir!

Au Canada, les équipes de niveau amateur se disputent la coupe Allan, plutôt que la coupe Stanley.

14

L'argent fait déplacer des montagnes

La situation évolue lorsque les propriétaires d'équipes commencent à tirer profit de la vente de billets, et les ligues à se disputer les meilleurs joueurs capables d'attirer les foules. Certaines équipes payaient leurs joueurs avec des cadeaux, comme des paires de patins à 5 dollars. D'autres les payaient en argent comptant, **au noir**, tout en leur proposant aussi des emplois réguliers. En 1904, la première ligue professionnelle, la Ligue internationale de hockey (LIH), apparaît aux États-Unis. Dès qu'elle commence à attirer des grands joueurs canadiens motivés par l'argent, plus rien ne s'oppose à ce que le hockey devienne un sport professionnel.

Sidney Crosby, des Penguins de Pittsburg, a empoché environ 12 millions de dollars au cours de la saison 2013-2014.

La couleur de l'argent

1904 LIH* salaire minimum	de 15 à 40 $ par semaine
1904 LIH salaire joueur/directeur de la patinoire**	1 800 $ par an
1970 LNH salaire moyen	18 000 $ par an
1980 LNH salaire moyen	100 000 $ par an
2012 LNH salaire moyen	2,4 millions $ par an

* Ligue internationale de hockey, la toute première ligue professionnelle

** Quand le défenseur Hod Stuart signe avec la première ligue professionnelle au Michigan, la Ligue internationale de hockey, il négocie un double salaire, à la fois de joueur et de directeur de la patinoire. Fred « Cyclone » Taylor a signé à la LIH pour plus de 3 000 $ par saison.

ON PASSE À LA VITESSE SUPÉRIEURE

Si le sport lui-même se professionnalise, l'équipement aussi. Les vêtements de tous les jours disparaissent de la glace. Les modifications apportées à l'équipement visent à protéger les joueurs des dangers du hockey.

La tenue s'adapte

Au 19e siècle, l'équipement du joueur de hockey se résume aux patins et au bâton. Les patins eux-mêmes ne sont qu'une paire de souliers ordinaires munis de lames fixées avec des sangles. L'équipement se limite aux vêtements de tous les jours. Mais il ne faut pas attendre très longtemps pour voir des joueurs se protéger les tibias des violents coups de la rondelle en s'attachant d'épais catalogues ou de gros livres autour des mollets. Aujourd'hui, véritables chevaliers en armure, les joueurs portent des protections de plastique hautement résistantes, des culottes étanches et rembourrés, des coquilles, des protège-dents et des casques.

Au tout début, les joueurs ne portaient aucune protection vestimentaire et les blessures n'étaient pas rares.

Le meilleur bâton

Les premiers bâtons de hockey étaient faits de branches recourbées. Avec le temps, on voit arriver des bâtons en aluminium, puis en graphite et en **Kevlar**. Les bâtons actuels offrent la possibilité aux joueurs pris dans le feu de l'action de frapper plus vite et plus fort. Cela n'empêche toutefois pas les fabricants et les joueurs de toujours rechercher la perfection en matière de bâton.

Avec leurs bâtons de haute technologie, les joueurs d'aujourd'hui lancent la rondelle à des vitesses folles. Le record officiel établi lors d'un concours d'adresse de tirs est de 177,5 km/h.

Mets du ruban!

Dans les années 1920, les joueurs ont commencé à enrouler du ruban adhésif autour de leur bâton, afin d'améliorer la prise en main et de renforcer la lame. Aujourd'hui, certains joueurs vont jusqu'à enrouler complètement leur lame de ruban noir pour empêcher le gardien de but de bien distinguer la rondelle contre leur bâton.

À savoir!

Les rondelles n'ont pas toujours été en caoutchouc. Autrefois, certaines rondelles étaient faites à partir de roches, de morceaux de charbon et même de bouses de vache congelées!

L'ARMURE DU GARDIEN

De tous les joueurs, ce sont bien entendu les gardiens qui se félicitent le plus des progrès accomplis en matière de protection. Il faut les comprendre : un gardien peut recevoir jusqu'à 80 tirs par match !

Les gardiens, adeptes du progrès

Les premiers gardiens de but ne portaient aucune protection, aucun vêtement matelassé. Les blessures étaient monnaie courante, car les gardiens essayaient de bloquer les tirs avec les mains, les pieds ou d'autres parties du corps. Dans les années 1890, certains adoptent les jambières de cuir matelassées des joueurs de cricket. Quand les joueurs se mettent à lancer la rondelle en hauteur, les gardiens empruntent aux joueurs de baseball les plastrons dont ils se couvraient la poitrine. Quand les règles du jeu autorisent les gardiens à s'agenouiller pour arrêter les tirs, on met au point des jambières de protection étanches. Les gardiens inventent aussi la mitaine leur permettant de bloquer et d'attraper la rondelle sans se blesser. De fait, les gardiens n'ont jamais autant occupé l'espace devant leur cage qu'avec l'équipement d'aujourd'hui.

Clint Benedict est le premier à avoir porté un masque de protection au cours d'une rencontre. C'était en 1930. L'ennui, c'est que le masque empêchait le gardien de bien voir la rondelle.

Les hommes derrière le masque

En 1959, Jacques Plante reçoit un tir en pleine figure qui nécessite 200 points de suture. Peu de temps après, tous les gardiens se mettent à porter un masque.

En 1972, au cours des séries entre le Canada et l'URSS – aujourd'hui la Russie – Vladislav Tretiak portait un masque grillagé comme une cage d'oiseau. Ce type de protection a connu un franc succès quand Tretiak, tel un mur, a bloqué les tirs des Canadiens.

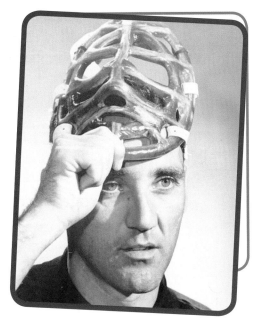

Après avoir été blessé au cours d'une partie, Jacques Plante devient le premier gardien de la LNH à porter un masque à chaque partie. Il participera à l'élaboration et à l'essai de différents types de masques.

La rondelle atteint des vitesses folles. Le gardien porte un équipement spécial destiné à assurer sa protection et à empêcher la rondelle de finir sa course dans les filets.

LE HOCKEY EN EUROPE

Lord Stanley n'a jamais assisté à la moindre rencontre de la coupe qui porte son nom. À la mort de son frère, en 1893, sa famille et lui-même doivent rentrer en Angleterre… en emportant toutefois avec eux leur amour du hockey.

Les Stanley contre la cour d'Angleterre

En 1895, l'Angleterre connaît un terrible hiver. Le lac du palais de Buckingham gèle entièrement et les fils de Lord Stanley convainquent la famille royale de faire une partie de hockey. Lord Stanley et cinq de ses fils affrontent six membres de la famille royale, dont l'héritier du trône, le futur George V. La légende veut que les membres de la famille royale ont marqué un seul but alors que la famille Stanley en a tellement marqués que, par respect, ils ont arrêté de compter les points. Malgré cela, la famille royale s'est prise de passion pour ce sport et a regardé les frères Stanley écraser plusieurs équipes au cours de parties organisées à l'extérieur du palais.

En 1910, quinze ans après sa première partie de hockey, George V devient roi d'Angleterre.

L'Europe crée sa propre ligue

À chacune de leurs prestations, grâce à leur adresse et à leur enthousiasme, les frères Stanley contribuent à développer l'intérêt pour le hockey. En 1903, la ligue européenne compte cinq équipes. En 1908, on crée la Ligue internationale de hockey sur glace afin d'organiser des rencontres internationales. Deux ans plus tard, l'Angleterre remporte la première compétition européenne. Finalement, la Ligue devient la Fédération internationale de hockey sur glace (FIHG), qui régit ce sport sur toute la planète.

Le document fondateur de la Ligue internationale de hockey sur glace, signé le 15 mai 1908.

À savoir!

Soixante-dix membres originaires des quatre coins de la planète composent la Fédération internationale de hockey sur glace, qui gère les championnats du monde des catégories junior et sénior, hommes et femmes.

L'équipe de hockey de Grande-Bretagne lors des championnats d'Europe à Davos, en Suisse, en 1926.

LES FEMMES DU HOCKEY

À l'époque où on voit apparaître les premières stars du hockey, des équipes mixtes s'amusent à jouer sur les rivières et les étangs gelés. À 14 ans, Isobel, la fille de Lord Stanley, joue avec ses frères sur la patinoire que leur père avait fait construire sur leur propriété. C'est à Isobel que l'on doit le lancement de la première équipe féminine de hockey.

Ces dames fondent leur propre équipe

En 1889, Isobel Stanley et son équipe, composée de femmes de membres de la Chambre des députés, ont affronté les Ladies de Rideau. Ces dames jouaient coiffées de leur grand chapeau et habillées d'un chandail à col roulé et d'une longue jupe de laine. Elles tiraient souvent avantage de leur jupe qui descendait aux chevilles. Les attaquantes filant vers le but adverse cachaient la rondelle sous leur jupe et les gardiennes s'en servaient pour la bloquer. D'autres joueuses n'hésitaient pas à s'accroupir devant la gardienne et à stopper les tirs en barrant le filet avec leur jupe.

Première photo connue de femmes jouant au hockey. C'était à Rideau Hall, à Ottawa, en 1890. Isobel, la fille de Lord Stanley, porte la robe la plus claire.

Une certaine popularité

Au Canada, au début du 20e siècle, on assiste à la naissance de ligues féminines de hockey, aussi bien dans l'Est que dans l'Ouest, et même jusqu'à Dawson City, au Yukon. Dans les années 1920, en Occident, voir des femmes pratiquer un sport aussi brutal n'est pas du goût de tout le monde. Mais il en faut davantage pour briser la passion des femmes pour ce sport. Autant les femmes que les hommes assistent aux parties de hockey féminin. Cependant, celui-ci étant moins financé, les occasions de le pratiquer moins nombreuses et l'équipement moins performant, ce sport perd de sa popularité dans les années 1940.

Dans les années 1920, les Amazons de Vancouver participent à un tournoi contre les Vamps de Seattle. On raconte que c'était la première rencontre internationale de hockey féminin.

Entre 1930 et 1940, l'équipe des Rivulettes de Preston a disputé 350 rencontres. Elle en a perdu 2, a fait 3 matchs nuls et a remporté toutes les autres !

LES FILLES S'EN MÊLENT!

Dans les années 1980, on assiste au retour du hockey féminin en Amérique du Nord. Un nombre jamais vu de filles et de femmes se lancent dans le hockey, marquant le début d'une nouvelle ère.

Elle lance! et compte!

En 1990, le hockey féminin **défraie la chronique** dans le domaine des sports de glace. En mars de cette année-là se tient à Ottawa le premier tournoi international féminin, un événement couvert par près de 85 journalistes. Les joueuses étaient survoltées à l'idée d'affronter les meilleures équipes de Suède, de Finlande, de Norvège, d'Allemagne de l'Ouest, de Suisse et du Japon. Le Canada et les États-Unis se retrouvent en finale. Les Américaines marquent les premières à deux reprises. Puis les Canadiennes répliquent et remportent la victoire après avoir mis la rondelle cinq fois au fond du filet. Depuis, le hockey féminin connaît un énorme succès auprès de ses partisans dans le monde entier.

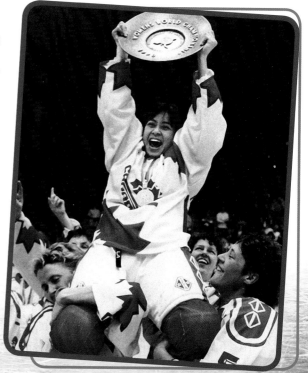

Ottawa, 1990. Susana Yuen et ses coéquipières explosent de joie après leur victoire contre les États-Unis lors du championnat du monde de hockey féminin.

La volonté et le talent récompensés

Les femmes s'invitent à la fois dans le sport masculin et aux Jeux olympiques. En 1992, la gardienne Manon Rhéaume a joué avec le Lightning de Tampa Bay lors de matchs d'exhibition de présaison, devenant ainsi la première femme à évoluer dans une ligue professionnelle masculine. En 1998, les équipes féminines de hockey ont connu leur première occasion de participer aux Olympiades de Nagano, au Japon. Le hockey féminin faisait ainsi son entrée officielle aux Jeux olympiques.

La Ligue nationale de hockey féminin a vu le jour en 2000 avant de se scinder en deux : la Ligue féminine de hockey canadien d'un côté, et la Ligue féminine de hockey de l'Ouest de l'autre.

Rapidité de jeu accrue

Au hockey féminin, il est interdit d'utiliser son corps pour mettre un adversaire en échec, de sorte que de nombreux amateurs trouvent que le hockey féminin est plus rapide et plus fougueux que le hockey masculin.

À savoir !

En 2003, évoluant au sein d'une équipe finlandaise, Hayley Wickenheiser devient la première femme à marquer chez les professionnels masculins.

25

LA PATINOIRE PLANÉTAIRE

Le premier championnat du monde de hockey a lieu en 1920, aux Jeux olympiques d'été. Il est alors réservé aux hommes. Aujourd'hui, hommes et femmes participent aux championnats mondiaux de hockey, des événements de premier plan.

Les championnats du monde

Chaque année, ils constituent les plus importants tournois mondiaux de hockey. Les parties se déroulent sur une patinoire plus grande que celle utilisée par la LNH. Certaines règles de jeu diffèrent de celles de la LNH. Par exemple, lors des matchs de la LNH, les joueurs qui se battent reçoivent une pénalité. Aux championnats du monde, ils sont automatiquement exclus.

1928. Le Canada s'apprête à affronter la Suède aux Jeux olympiques de St. Moritz, en Suisse. Le Canada remporte finalement la médaille d'or et la Suède celle d'argent.

Les Jeux olympiques d'hiver

Ils ont lieu tous les quatre ans. Les joueurs professionnels ont été autorisés à y participer pour la première fois en 1988. Cependant, il a fallu attendre jusqu'en 1998 pour que la LNH modifie son programme afin de permettre à ses joueurs de prendre part aux Jeux. La même année, le hockey féminin a fait son entrée aux Olympiques. Comme aux championnats du monde, la taille de la patinoire et certaines règles sont différentes aux Jeux olympiques que dans la LNH.

Aux Jeux olympiques de 2014, les hockeyeurs canadiens ont remporté la médaille d'or. Les Suédois sont repartis avec la médaille d'argent et les Finlandais avec celle de bronze.

LES AUTRES TYPES DE HOCKEY

Le hockey sur glace n'est qu'une des nombreuses variantes du hockey. Il existe aussi le hockey de rue, le hockey sur gazon et le hockey sur luge, qui se pratique lui aussi sur la glace.

Sur l'asphalte et le gazon

Le hockey de rue, ou « hockey bottine », voit le jour en Amérique du Nord au tout début du 20e siècle, dès qu'on commence à asphalter les rues. On y joue sans patins, avec une balle ou une rondelle. Lorsque pratiqué en salle sur un plancher, il se nomme le « hockey cosom ». Plus tard, l'invention des patins à roulettes et des patins à roues alignées a donné naissance au « roller hockey ». Le hockey sur gazon, apparu au début du 19e siècle, se joue sur l'herbe ou sur du gazon artificiel.

Le hockey de rue est communément pratiqué dans de nombreux pays. Bon nombre de joueurs de hockey sur glace débutent avec ce type de hockey et y jouent également quand ils n'ont pas accès à une patinoire.

Le hockey sur luge

Il a été inventé en Suède, dans les années 1960, par deux joueurs atteints d'un handicap physique et qui ne pouvaient se résoudre à abandonner la pratique du hockey. Les joueurs ont un bâton dans chaque main et sont assis sur une luge équipée de deux lames métalliques situées sous le siège. Les bâtons servent aussi bien à propulser la luge sur la patinoire qu'à manier la rondelle ou à la lancer. En 1994, le hockey sur luge fait son entrée aux Jeux paralympiques. Depuis, il est devenu l'un des sports les plus populaires de ces Jeux.

En 2014, les États-Unis ont battu l'Angleterre en finale de la coupe du monde de hockey sur gazon. Au hockey sur gazon, les bâtons sont en forme de J, plats d'un côté et arrondis de l'autre.

Finale aux Jeux paralympiques de 2014, à Sotchi, en Russie : les joueurs américains expriment leur joie après avoir marqué un but.

LE HOCKEY DANS LE MONDE

Le hockey est populaire dans le monde entier. Les Jeux olympiques et le hockey professionnel, notamment les séries de la LNH pour la coupe Stanley, enflamment les esprits et font battre le cœur de tous les amateurs. Internet facilite grandement les échanges entre les partisans et les joueurs.

Les superstars de demain

Partout dans le monde, enfants et adultes pratiquent le hockey : soit dans le cadre de leurs loisirs, soit dans des championnats scolaires ou communautaires. Les ligues pour enfants et les camps de hockey permettent aux plus jeunes de développer leur talent tout en s'amusant. Des tournois comme les championnats du monde junior permettent aux joueurs en développement de se faire remarquer et de devenir les vedettes qui, demain, mettront le feu à la patinoire.

POUR EN SAVOIR PLUS

Livres

Stuckey, Rachel. *Dépasse-toi ! Sur la patinoire et…
en dehors*, Bayard Canada, 2015.

Brunet, Mathias. *Petit guide du hockey mineur pour parents avertis*,
Les Éditions La Presse, 2014.

Rossiter, Sean et Paul Carson. *Jouer au hockey à la manière de la LNH*,
Broquet, 2007.

Sites Internet

Hockey Québec
hockey.qc.ca

Hockey Canada
hockeycanada.ca/fr-ca

GLOSSAIRE

au noir Paiement non-déclaré au gouvernement, donc illégal.

défrayer la chronique Être le sujet central d'une discussion.

introniser Célébrer la carrière d'un joueur en inscrivant son nom au Temple de la renommée.

Kevlar Marque de commerce. Matériau composite léger et très robuste.

mort subite Règle dans un sport. Au cours d'une prolongation, la première équipe qui marque remporte la victoire et met fin à la partie.

polo Sport collectif où deux équipes de quatre cavaliers chacune poussent une balle avec des maillets dans le but adverse.

rivalité Situation entre plusieurs personnes qui veulent fortement la même chose et qui sont prêtes à tout pour l'obtenir.

INDEX